Bettina Ziegler • Warum mich keiner anfasst …

Bettina Ziegler

Warum mich keiner anfasst …
… und andere Einsichten

Gedichte

Bibliografische Information der Deutschen Nationalbibliothek
Die Deutsche Bibliothek verzeichnet diese Publikation in der Deutschen Nationalbibliografie; detaillierte bibliografische Daten sind im Internet über http://dnb.ddb.de abrufbar.

www.medu-verlag.de

Bettina Ziegler
Warum mich keiner anfasst …
… und andere Einsichten
Gedichte

Dreieich bei Frankfurt/M.
Korrektorat: Cecilia Wirth
Titelbild: Blue earth © Argus/ Fotolia
Umschlaggestaltung: im Verlag
Printed in Germany

ISBN 978-3-941955-29-5

Inhalt

Ich widme diese Sammlung meinem geliebten und verehrten Großvater Prof. Dr. Dr. h.c. Konrat J. F. Ziegler, *1884 † 1974, der mir in seiner bedingungslosen Integrität, Unbestechlichkeit und gelebten Humanität und Zivilcourage immer ein Vorbild sein wird.

Er war zeit seines Lebens ein Streiter für Demokratie, Menschenrecht und Menschenwürde.

Für seine politische Haltung und Handlungsweise in der Nazizeit, die nicht nur sein Leben, sondern auch das seiner Familie gefährdete, und die er mit Berufsverbot, Verfolgung und Haft bezahlte, erhielt er im Jahre 2001 von der Gedenkstätte YAD VASHEM die höchste Auszeichnung, die Israel Nicht-Juden verleiht.

Sein Name ist auf der MEMORIAL WALL im „Garten der Gerechten“ in YAD VASHEM verewigt.

Frankfurt im Dezember 2010

Bettina Ziegler

Warum mich keiner anfasst
oder
Debüt

Warum mich keiner anfasst,
hab ich mich schon gefragt.
„Du hast noch keinen Namen“,
wird mir darauf gesagt.

„Bücher sind eine Ware.
Doch Du bist unbekannt.
Und No-Name-Exemplare
sind kein Erfolgsgarant.“

Sei es auch noch so seicht
und gar nicht selbst verfasst,
ein Promibuch erreicht,
was unsereins verpasst.

Wenn mich mal einer anfasst,
lässt er mich nicht mehr los.
Doch dass mich einer anfasst,
wie mache ich das bloß?

Ich hab doch einen Namen!
Nur kennt ihn keiner noch.
Ach, habt mit mir Erbarmen
und kauft dies Büchlein doch!

Absolution

Hätt ich gelebt zu jener Zeit,
die nicht so friedlich war,
und alle Menschen weit und breit,
die schrieen laut „hurra!"
zu jeder Ungerechtigkeit …

Wär ich zum Widerstand bereit?

Ich fühl mich sonderbar.

Als unsere Väter voller Lust
ins Leben aufgebrochen,
haben sie nichts davon gewusst,
den Braten nicht gerochen.

Und ahnungslos erlagen sie
nach kurzer Dauer schon
der mächtigen Maschinerie
der Indoktrination.

Sie haben nur, wie wir, probiert,
gesucht das Abenteuer.
Sie wurden allesamt verführt.
Und sie bezahlten teuer.

Bedenkenlos hat man voll Freuden
„Das Reich" mit aufgebaut.
Von wen'gen nur wurde dem Treiben
schon kritisch zugeschaut.

Doch diese, die die Zeichen
der Zeit so früh erkannt,
die waren die ersten Leichen
von zahllosen im Land.

Sie wurden inhaftiert,
gefoltert und verbannt.
Sie wurden deportiert,
ermordet und verbrannt.

Man spürte ihn in Stadt und Land,
den Arm der Diktatur.
Wenn hier und da ein Mensch verschwand,
verdrängte man das nur.

Man schaute weg. Man wusste schon,
wie viel man sonst riskiert.
Die Angst vor der Denunziation
ging um, war etabliert.

Ein ganzes Volk geschunden.
Verschleppt. Gequält. Vernichtet!
Zu wenige gefunden,
die man dafür gerichtet!

Täter? Mitläufer? Widerstand?
Wer wagt das Urteil schon?
Wer hat bereut? Wer sich bekannt?
Wer kriegt Absolution?

Seh ich die Dinge im Vergleich,
fällt dies mir wieder ein:
„Wer ohne Schuld ist unter Euch,
werfe den ersten Stein.“

Hätt ich gelebt zu jener Zeit,
die nicht so friedlich war,
und alle Menschen weit und breit,
die schrieen laut „hurra!“
zu jeder Ungerechtigkeit …

Wär ich zum Widerstand bereit?

Ich fühl mich sonderbar.

68er
oder
Sündenbock

Die 68er sind schuld.
Die wollten doch nur stören!
Die 68er sind schuld.
So hört man sich beschweren.

Wer Nazis an den Pranger stellte,
wer Marx und Engels mal verehrte
und wer nicht mit den Wölfen heulte,
soll schuld sein am Verfall der Werte?

Anfangs noch friedlich und mit Festen
war Weltverbesserung ihr Ziel.
Später, mit lauteren Protesten,
schwiegen sie nie zu Unrecht still.

Sie fühlten sich total betrogen.
Sie fürchteten um diese Welt,
regiert von Springer – und belogen,
regiert von Gier nach Macht und Geld.

Sie waren voller Ideale.
Sie haben alles ausprobiert.
Enttäuschung führte zu Randale.
Sie wurden kriminalisiert.

Und unsere Ideale heute?
Die Hasardeure dieser Zeit
zerstören das Land mit Jagd auf Beute,
mit Gier und Rücksichtslosigkeit.

Ist alles weg, halten Sie heiter
lächelnd noch mal die Hände auf.
Der Staat bezahlt. Sie zocken weiter.
Der Niedergang nimmt seinen Lauf.

Wie fruchtbar doch ist diese Saat,
die unsere Verfassungswerte,
legal und unterstützt vom Staat,
langsam ins Gegenteil verkehrte!

Wer Schulen das Vertrauen verwehrt,
selbst seine Kinder unterrichtet,
wird abgeurteilt, eingesperrt,
die Lebensgrundlage vernichtet.

Hat jemand „Kapital"verbrochen,
hochkriminell, im großen Stil,
darf er sein Süppchen weiterkochen,
mit Abfindung, so viel er will.

Die Quellen schwarzer Spendengelder
behält man besser für sich selber
mal eben am Gesetz vorbei
fürs Ehrenwort und die Partei.

Wer füttert uns mit falschen Zahlen,
endend in Korruptionsskandalen?
Wo hat das Unrecht Fortbestand,
noch immer in derselben Hand?

Wer nimmt das größte Stück vom Kuchen?
Versucht doch mal, sie dort zu suchen,
die 68er, die Bösen!
Die Liste wäre kurz zu lesen.

Wenn früher ein paar Steine flogen,
kostete das wohl etwas Geld.
Die, von denen wir jetzt betrogen
sind, ruinieren die ganze Welt.

Die 68er sind schuld!
So einfach lässt sich das erklären.
Die 68er sind schuld.
Nur weiter so! Lasst Euch nicht stören!

Politiker

Ihre Inkompetenz ist die Misere.
Ihre Bestechlichkeit. Ihr Egotrip.
Für einen Haufen schwacher Charaktere
ist unser Tummelplatz die Politik.

Sie kandidieren wegen der Profilneurose.
Was sie dann tun, haben sie nicht studiert.
Dass wir nicht untergehen, das ist das Famose,
dass es dann irgendwie doch funktioniert.

Sie müssen eigentlich nur eins trainieren:
Wie treffe ich beim Volk den rechten Ton,
um es zu täuschen, zu manipulieren
mit Halbwahrheiten und mit Emotion.

Die Wähler sollte man nicht zu viel wissen lassen.
Nur, wenn man sie falsch oder gar nicht informiert,
und viel verspricht, hält man sie ruhig, die Massen.
Hauptsache ist, dass man sich profiliert.

Die Bildung schadet der Demokratie.
Wer das, was er entscheidet, auch versteht,
der wählt am Ende andere als die,
für die er heute an die Urne geht.

Wer hätte nicht mal gerne was zu sagen?
Wer wird nicht gern umschmeichelt und verehrt?
Wer sonst darf tollkühne Geschäfte wagen
mit Geld, dass allen, nur nicht ihm gehört?

Gibt es denn einen schöneren Beruf auf Erden?
Einen mit mehr Bedeutung und Gewicht?
Politiker, das will ich auch mal werden.
Doch weil ich ehrlich bin, wählt man mich nicht.

Deutschland im August 2010

Das ist ja wohl ein dickes Ei!
Die Krise sei bereits vorbei,
behaupten die Experten.

Gestern noch Angst vor Inflation,
Untergangsstimmung, Niedriglohn.
Wie soll man das bewerten?

Das geht doch alles viel zu schnell:
Die dunkle Zukunft wieder hell.
Der Aufträge kein Ende!

Eh man darüber nachgedacht,
wird weiter wie zuvor gemacht.
Zu plötzlich diese Wende!

Aufatmen in der Republik.
Investition wird wieder schick.
Die Blase schwillt erneut.

Spekulation, das schnelle Geld.
Die Spieler stehen noch auf dem Feld
und haben nichts bereut.

Einsicht

Weniger Selbstgefallen
und etwas mehr Verstand.
Gut täte es uns allen.
Gut wär's für unser Land.

Generationenvertrag

Genießen wollen wir unsere Stunden
auf diesem gastlich Erdenrund.
Die Selbstkritik ist überwunden.
Sie kommt nicht mehr aus unserem Mund!

Erfahrungsreich sind wir, nicht stur!
Wir haben Euch noch viel zu sagen.
Und wenn Ihr Fragen habt, fragt nur!
Wir haben gar nichts gegen Fragen.

Wir schwatzen Euch auch voll mit Sachen,
von denen Ihr nichts wissen wollt;
weil wir eh alles besser machen.
Schweigen ist Silber, Reden Gold.

Und dann erwarten wir Bericht,
was Ihr so alles angestellt.
Amortisiert sich's oder nicht,
das in Euch investierte Geld?

Ihr solltet öfter uns besuchen.
Dass man Euch auch so schlecht erreicht!
Nehmt doch noch etwas von dem Kuchen.
Wir hatten's früher auch nicht leicht.

Nur keinen Umstand, wenn wir kommen.
Arbeiten müsst Ihr, wie man hört?
Hat man da Ablehnung vernommen?
Wir haben uns noch nie beschwert.

Und übrigens: Für ein paar Enkel
wäre es langsam an der Zeit.
Beziehungs- und Berufsgeplänkel …
Wir waren damals längst so weit!

Denkt bitte auch an unsre Rente.
Für Eure ist es eh zu spät,
weil das die Politik verpennte,
wenn Ihr das realistisch seht.

Die Wissenschaft sieht den Planeten
verseucht, verstaubt und viel zu heiß;
mit Wassermangel in den Städten
und an den Polen ohne Eis.

Ressourcen werden ausgeplündert.
Es fehlt Beschränkung im Verbrauch.
Die Erderwärmung nicht verhindert …
Nach uns die Sintflut? Vor uns auch!

Die Urwälder sind dezimiert.
Die Weltmeere schon überfischt.
Nun, dafür habt Ihr ja studiert:
Dass Euch es nicht mal kalt erwischt.

Man sollte eigentlich erwarten,
dass Ihr auch etwas für uns tut
in diesen Zeiten, diesen harten.
Strengt Euch nur an! Ihr macht das gut!

Relativ

Was schert uns das Land hinterm Mittelmeer
in seinen braungelben Tönen?
Kommt einer aus diesem Land zu uns her,
kann man sich schlecht dran gewöhnen.

Wir reden locker im Plauderton
von unseren Urlaubsträumen.
Dort fallen vertrocknete Früchte schon,
bevor sie gereift, von den Bäumen.

Wir reisen dahin, wo es sonnig ist,
um unseren Teint zu pflegen.
Und merken doch nicht, was man dort vermisst
seit Jahrzehnten schon: den Regen!

Sie leben zu vierzig in einem Haus.
Und alle haben Hunger.
Wir tauschen Diätrezepte aus
und essen unseren Hummer.

Wir glauben, alles sei relativ.
Die kennen es doch nicht besser.
Sie sind ja gewöhnt an ihren Mief
und vertrocknete Gewässer.

Der Hunger ist relativ groß
und relativ die Not.
Bald, denn wir diskutieren bloß,
sind sie relativ tot.

Glück?

Wie kann man so vergessen sein
vom Glück,
so ohne Essen sein,
Trostlosigkeit im Blick,
schwach und allein?

Wer kann da noch besessen sein
vom Glück
und so vermessen sein,
sich zu beklagen, dass sein Stück
davon zu klein?

Die Erde

Wer je die Erde aus dem Weltall sah,
die schimmernd blaue Perle, die nur Glück verhieß
mit ihrer zarten weißen Aura wunderbar,
erliegt der Illusion, das sei das Paradies.

Respektvoll zieht sie ihre Kreise um den Feuerball,
der sie seit Jahrmillionen innig liebt.
Kokett dreht sie sich vor ihm so, dass er ihr überall
zärtliche Wärme auf den Körper gibt.

Ein zweiter Buhle wirbt um sie und wagt es nicht,
des Konkurrenten Schatten mutig zu entfliehen,
und heimlich darf er nur im Dunkel, nie im Licht
in wechselnder Verkleidung wandelnd für sie glühen.

Der Erde Charme zu widerstehen, ist wirklich schwer,
denn stets verschenkt sie sich im Überfluss.
Und alles, was sie hat, das gibt sie gerne her,
weil sie doch glaubt, dass sie nichts fürchten muss.

Doch seit geraumer Zeit geht es ihr schlecht.
Wenn nur der Mensch mit seiner Gier nicht wär!
Denn, was er mit ihr macht, ist ungerecht,
respektlos, undankbar, parasitär.

Er schlägt ihr Wunden, er verstopft die Poren,
rasiert sie kahl, besudelt ihr Gesicht.
Wenn er so weitermacht, dann ist sie bald verloren.
Und ihre Sprache, die versteht er nicht:

Ihr Jammern, Weinen, Schreien, Bitten, Flehen, Klagen –
der Erde Stimmen hat er nicht gehört.
In Tränen stellt sie tobend, bebend ihre Fragen.
Doch er ist taub und blind und unbelehrt.

Ihre verletzte Aura ist die Atmosphäre.
An beiden Polen hat sie schon ein Loch.
Er weiß genau, dass, wenn sie ohne Aura wäre,
sein Leben endet, doch er lebt ja noch!

Sie wird bedenkenlos von ihm vergiftet,
gerät allmählich aus dem Gleichgewicht.
Und Ihr Immunsystem ist fast vernichtet.
Seit Längerem erholt sie sich nun nicht.

Sie fiebert etwas und sie atmet schwer.
Nicht wiedergutzumachen wär ein falscher Schritt.
Denn, wenn sie stirbt, gibt's keine Wiederkehr.
Und wenn sie geht, dann nimmt sie alle mit.

Sorgen

Keine Eile mit den Sorgen!
Denn sie bleiben uns bis morgen.
Aller Sorgen Steuerung
ist doch die Erneuerung!

Ewig jung und dennoch alt,
machen sie vor keinem Halt.
Viele klein und manche groß.
Jeder wär sie gerne los.

In der Seele, wie Dämonen,
richten sie sich ein zu wohnen,
wechselhaft und kaum zu zählen,
mit dem Ziele, uns zu quälen.

Und in Gruppen sind sie immer.
Einzelgänger sind sie nie.
Alles machen sie nur schlimmer.
Stete Peiniger sind sie!

Sorgen, ständige Begleiter,
ungeliebt und doch so treu:
Lasst uns los! Zieht einfach weiter!
Keiner braucht euch. Gebt uns frei!

Noch einmal Sorgen

Prolog

In einem bitterbösen Brief,
weil ich gequält von Sorgen bin,
beschrieb ich sie nur negativ.
Doch Sorgen haben ihren Sinn:

Sorgen

Der Sorgen *Vater* ist ein Wächter.
Er wird auch *Angst* genannt.
Er fürchtet, alles werde schlechter,
und hat sich schnell verrannt.

Er schlägt Alarm, wenn etwas droht.
Er neigt zur Übertreibung.
Er sitzt bei jedem mit im Boot
aus tiefster Überzeugung.

Die sanfte *Mutter* macht es gut.
Es ist ja auch die *Liebe*.
Gibt Zuversicht und Trost und Mut,
wenn unsre Stimmung trübe.

Zusammen haben sie gezeugt
die große Schar an *Kindern*:
Die *Sorgen*. Sie sind stets geneigt,
das Schlimmste zu verhindern.

Und *Umsicht, Zweifel, Phantasie,*
das sind ihre *Verwandten*.
Sie sind zugegen spät und früh,
die Onkel und die Tanten.

Man wird den Sorgen nur gerecht,
wenn man es anerkennt:
Gut sind sie und sie sind auch schlecht.
Sie sind ambivalent.

Die meisten Sorgen striche man
getrost von seiner Liste,
wenn man nur wüsste, ob und wann
man sie sich machen müsste.

Es geht nicht jeder Ball ins Netz

(Gedanken zur Flutkatastrophe in Pakistan)

Es geht nicht jeder Ball ins Netz.
Hier waltet das Naturgesetz
genauso wie im Leben:
Das meiste geht daneben.

Nicht jeder Pfeil trifft in sein Ziel.
Es läuft nicht immer, wie man will.
Im Zickzack führt die Spur
so, wie in der Natur.

Mit jedem Plan und jeder Tat
da drehen wir uns im Hamsterrad.
Ob langsam oder schnell:
Wir treten auf der Stell.

Wir suchen ständig nach dem Sinn,
woher wir kommen und wohin
wir gehen nach dem Tod.
Was stärkt uns in der Not?

Und flehend blicken wir hinauf
zum Himmel, wenn des Lebens Lauf
sich knotet und verwirrt,
im Dunkel sich verirrt.

Mir scheint, dass oben jemand hockt,
der leidenschaftlich gerne zockt,
sein Spielchen mit uns spielt,
mit Steinchen auf uns zielt,
sein Mütchen an uns kühlt
und sich in Schweigen hüllt.

So viele Chancen knapp versäumt.
So viele Träume ausgeträumt.
So viele Wünsche unerfüllt.
So viele Tränen fortgespült.

Das Wasser fließt bergab.
Drum ist es feucht im Grab.

Halbgott in Weiß
oder
Klagelied der Assistenzärzte

In allen Medien grassiert,
tausendfach wiederholt, der Mist
derer, die sich schlecht informiert:
Wie reich ein weißer Halbgott ist.

Unsterblich bleibt er, dieser Neid
auf Geld und Gut und Sein,
der Schein aus längst vergangener Zeit,
der Mythos, Arzt zu sein.

Man hat es wohl noch nicht bemerkt,
wie es den Ärzten geht.
Der junge Arzt gehört gestärkt!
Das ist Realität.

Denn für ihn heißt es alle Tage:
Viel Stress für wenig Honorar.
Und alles ohne Schmutzzulage,
dafür mit dummem Kommentar!

Sechs Jahre lang hat er studiert,
auch länger, ohne jeden Lohn
ein Leben als Student geführt.
Die Anderen verdienten schon.

Im Anschluss dann erfährt er sie
und spürt, was sie bedeutet,
die strenge Klinikhierarchie.
Nun wird er ausgebeutet.

Das heißt vor allem: durchzuhalten,
die Haken und das Maul zu halten,
den Kopf im Zweifel hinzuhalten,
und Formulare zu verwalten,

den Überblick nie zu verlieren,
allzeit bereit, noch mehr zu geben,
auch, wenn er schon auf allen Vieren
kriecht. Höllisch, dieses Halbgottleben!

Tagtäglich sieht er Leid und Not.
Und keine Öffnung ist tabu.
Bei dem Geruch von Schweiß und Kot
hält niemand ihm die Nase zu.

Der Assistenzarzt rackert heiter
in Blut und stinkendem Sekret,
zwischen Erbrochenem und Eiter,
bis ihm der Appetit vergeht.

Er wagte sie noch nie, die Frage,
die man dem Klempner zugesteht,
nach Risiko- und Schmutzzulage,
weil ethisch das nun mal nicht geht.

An Wochenenden, Tag und Nacht,
getreten und gehetzt,
ist er der Vorgesetzten Macht
und Launen ausgesetzt.

In seiner Freizeit wälzt er nur,
weil er es sonst nicht schafft,
ärztliche Fachliteratur
im Dienst der Wissenschaft.

Vier bis sechs Jahre oder mehr
mit 60-Stunden-Wochen
ist er nur ausgepumpt und leer
daheim ins Bett gekrochen.

Und das Gehalt? Der glatte Hohn!
Denn auf den Punkt gebracht,
entspricht es kaum dem Stundenlohn
einer Reinigungskraft!

Der Weg ist lang und steinig,
doch wer ihn gehen will,
verhält sich, wenn nicht schleimig,
so doch am besten still.

Er wird geschliffen und gestählt
vom Leben voller Fleiß.
Ein Masochist, wer das noch wählt!
Halbgott? **Halbtot in weiß!**

PS:

Die Presse hat nicht ganz gelogen.
Den weißen Halbgott gibt es schon
mit Charisma und Ellenbogen,
beneidenswert in Brot und Lohn.

Und über ihn nur wird berichtet.
Das große Heer wird nicht bedacht
der Ärzte, das den Dreck verrichtet
und deren Ruf man schlechtgemacht.

Autobiografie
und
Geständnis einer Zwangsneurotikerin

Ich bin nach einem halben Jahr
schon stubenrein gewesen.
Und als ich Vierdreiviertel war,
da konnte ich schon lesen.

Von meiner Schulzeit habe ich
den größten Teil vergessen.
Ich weiß nur, ich hab innerlich
gelangweilt dagesessen.

Und irgendwann, am Ende dann,
macht' ich mein Abitur,
um nachzuweisen, was ich kann.
Ich tat es mit Bravour.

Ich habe mit Erfolg studiert,
vier Jahre und nicht mehr,
weil man sonst zu viel Zeit verliert.
Auch das fiel mir nicht schwer.

Vor Dreck hab ich mich stets gescheut.
Das ist so meine Art.
Und ich hab nie etwas bereut,
so auch nicht meine Tat.

Das Einzige, woran mir liegt,
egal, wie und warum:
dass man, was krumm ist, gradebiegt.
Ich hasse nun mal Krumm.

Dinge, die asymmetrisch sind,
auch die ertrag ich nie.
Das war bei mir schon so als Kind.
Ich brauche Symmetrie.

Ich hatte mal, ich weiß nicht, wann,
vor ziemlich langer Zeit,
Beziehungen zu einem Mann.
Ich hab es bald bereut.

Er war der Erste. Doch die Eins
gehört nicht in mein Leben.
Das Motto heißt: Zwei oder keins,
der graden Zahlen wegen.

Der zweite Mann war einwandfrei,
als ich ihm Treue schwur.
Im Schlafzimmer war's dann vorbei:
Ein Ei hatte er nur!

Ein Ei! Ein ungerades Ei!
Es hat mich krank gemacht.
Und wahnsinnig! Wie dem auch sei:
Ich hab ihn umgebracht.

Bananen

So legt man die Bananen hin:
Sie haben einen Bogen.
Und dieser hat auch einen Sinn,
denn er gehört nach oben!

Ja, die Banane ist nicht dumm.
Sie weiß sich gut zu schützen.
Und nicht umsonst ist sie so krumm:
Der Bogen soll sie stützen!

Und wie in der Architektur
verteilt sich das Gewicht:
Der Druck ist auf den Enden nur
und unten, oben nicht!

Auf diese Weise kriegt sie dann
vom Drucke keine Flecken.
Und was man noch versprechen kann:
Sie wird auch besser schmecken.

Nachbarschaftsstreit

Herr Kaub und das Laub

Herr Kaub hat sich bei mir beschwert,
warum ich nicht das Laub gefegt.
Er fühle sich dadurch gestört.
Ich hab mich mit ihm angelegt:

„Gemach, Herr Kaub! Ganz mit Verlaub,
Sie sind zu laut. Ich bin nicht taub.
Ich hab's nicht gerne vorgekaut,
wie man den Garten besser pflegt.

Jetzt wirbeln Sie nicht so viel Staub,
weil das Ihr Blutdruck nicht verträgt!
Der Rechen wurde mir geklaut,
vielleicht hab ich ihn auch verlegt!"

Er hat sich vor mir aufgebaut
und er war furchtbar aufgeregt.
„Ich hab den Rechen nicht geklaut!"
Als ob ich den Verdacht gehegt!

Ein Wind kam auf und hat das Laub
aus meinem Garten weggefegt.
Dann ist er wieder abgeflaut
und hat sich schließlich ganz gelegt.

Wie hat Herr Kaub da dumm geschaut!
Wohin war wohl das Laub geweht?
Kaub sah sein Beet vom Laub versaut,
der nun die Welt nicht mehr versteht.

Und die Moral von der Geschicht?
Soll man Laub rechen oder nicht?

Wenn kurz danach ein Wind aufkommt,
hat sich das Rechen nicht gelohnt.
Wenn kurz zuvor ein Windchen geht,
ist es zum Rechen oft zu spät.

Nur wer sich was davon verspricht,
der kann Laub rechen – oder nicht.

Tinnitus

Terminologie, Therapie und Differenzialdiagnose

Die Illusion
von einem Ton
im Ohr, den man nicht hört
und der doch ständig stört,
heißt „Tinniton".

Ist's eher ein Geräusch,
spricht man von „Tinnitäusch".

Im Ohr ein stetes lautes Klick
bezeichnet man als „Tinnitick".

Und hört das Ohr es überall,
heißt das Symptom auch „Tinnitall".

Unser Gehirn
kann uns verwirren:

Die Illusion
vom Ton,
der stört,
den keiner hört
außer uns selbst,
verstört,
weil man ihn hören muss,

den „Tinnitus".

Fragt ihr mich, wie
die Therapie
wohl aussehen kann?

Nun, man vergnüg
sich mit Musik
so dann und wann.
Doch auch Geduld.

Bedenken muss
man auch: Die Schuld
am Tinnitus
trägt ab und an
auch mal ein schiefer
verschobener Kiefer,
dessen Gelenk
ein wenig eng.

Und dann
ist die
Orthopädie
das Mittel, wie
der Hörgenuss
ganz unbeschwert
zurückekehrt
und ohne den Verdruss
des lauten Tinnitus.

Nur eine Garantie
dafür, dass man
die Störung irgendwie
beheben kann,
die gibt es sicher nie.

Jedoch von jenem Leiden
ist dies zu unterscheiden:

Das Hören
von Stimmen,
die singen,
betören,
beschwören,
bezeichnet man dann schon

als Halluzination.

Und alle im Gedicht
genannte Therapie
nützt in dem Falle nicht,
nützt schlicht und einfach nie.

Das war dazu zu sagen.

Noch Fragen?

Wecker

Wie hässlich

klingt das

Gemecker
vom Wecker!

Erträglich

wird sein

Gezeter
erst später.

Beneidenswert,

wer dann zum Schluss
nicht aufstehen muss.

Klon

Jeder Mann, so dacht ich, lügt,
dem die eigene Frau genügt.
Deshalb hab ich mich geklont.
Du bist Abwechslung gewohnt.

Morgens schon mähe ich den Rasen.
Später soll ich Dir einen Hasen
zum Braten in den Ofen schieben.
Und zwischendurch soll ich Dich lieben.

Das und noch mehr mach ich, mein Alter:
Die Steuer und den Hausverwalter,
den Gärtner und den Raumgestalter.
Ich bin die Bank und bin der Schalter,

der schließlich alles wieder regelt
und hin und wieder mit Dir segelt
durch manche familiären Krisen,
die unsre Zweisamkeit vermiesen.

Bin Ansporn und bin auch mal Tröster,
Bewunderer, Coach und Klaqueur.
Und noch viel mehr bin ich, mein Bester:
Verteidiger, Koch und Chauffeur,

Geschäftspartner und Therapeut
und, was mich ganz besonders freut:
Termingestaltungskontrolleur.

Als ob das nicht genug schon wär,
verwalte ich seit Tag und Jahr
den Haushalt und Dein Honorar.

Dein schärfster Kritiker bin ich,
und finde Dich doch wunderbar
und weiß genau, das magst Du nicht,
denn Eitelkeit ist undankbar.

Du bist der Meister, ich Dein Schatten.
Im Licht stehst Du, ich hinter Dir.
Ich halte treu zu meinem Gatten.
Ein eingespieltes Team sind wir.

All dies bestimmt mein täglich Handeln.
Ich muss mich ständig für Dich wandeln.
Doch später, wenn Du einst senil
bist, wandle ich mich nicht mehr viel.

Dann halte ich verdiente Rast,
weil Du dann eh vergessen hast,
wer ich grad noch gewesen sei.
Dann bin ich immer für dich neu.

Noch sind wir beide quietschvergnügt.
Hab ich Dir vielleicht doch genügt?
In Wahrheit hast Du mich geschont.
In Wahrheit bin ich nicht geklont.

Verzögerung

Diese klitzekleinen Sachen
dulden keinen Aufschub mehr.
Lass mich das hier schnell noch machen.
Warum hetzt Du mich so sehr?

Wo ist meine Sonnenbrille?
Wo der Schlüssel? Wo das Geld?
Wo hab ich die Brillenhülle,
wo die Tasche hingestellt?

Und die goldnen Ohrenhänger
mit dem Collier dazu,
die vermiss ich auch schon länger.
Doch ich finde sie im Nu!

Nur der Platz, an dem sie lagen,
ist mir gerade nicht bekannt.
Ich bin sicher, vor zwei Tagen
hatt ich sie noch in der Hand!

Manchmal könnt ich mich verfluchen!
Wo hab ich das Handy nur?
Und schon wieder muss ich suchen:
Wo lag denn zuletzt die Uhr?

Unser Haus, ich glaub es noch,
hat bestimmt ein schwarzes Loch.
Such ich etwas irgendwo,
finde ich es nirgendwo!

Das Parfüm ist wieder da!
Es stand doch am alten Platz.
Genau dort, wo's immer war.
Ordnung nennt man das, mein Schatz!

Meinen Ring kann ich nicht finden
mit dem Lapislazuli.
Wie kann so was nur verschwinden?
Hier war er noch heute früh!

Jetzt noch meine Zigaretten.
Ach, wo lagen sie denn bloß?
Wenn sie doch 'n Sender hätten!
Ohne die geh ich nicht los.

Dass Alzheimer grüßen lasse,
sagst Du. Er sei daran schuld,
dass man den Termin verpasse.
Höre ich da Ungeduld?

Du hast jetzt genug vom Warten?
Nicht zu spät sein willst Du heut?
Also gut, wir können starten.
Dann wohl ohne Feuerzeug.

Unterwegs:

Manches hast Du schon gefunden.
Meist hab ich beim Suchen Pech.
Ich bin Dir zu Dank verbunden.
Grins jetzt bitte nicht so frech!

Wer versteckt in diesem Haushalt
meine Sachen immerzu?
Nun, das weiß ich sicher auch bald:
Wer sonst ist's wohl, wenn nicht Du?

Zu klein!

Was Ihr erreicht fast noch im Sitzen,
erreich ich nur auf Zehenspitzen.

Was Ihr Euch nehmt im Stehen, locker,
bekomm ich nur mit einem Hocker.
Wo Ihr Euch streckt, so geht es weiter,
brauch ich dafür schon eine Leiter.

Was ich dagegen auch versuch:
So klein zu sein, das ist ein Fluch!
Inmitten einer Menge stehen,
bedeutet für mich, nichts zu sehen.

Das höchste Fach in jedem Schrank
verweigert sich. Das macht mich krank!
Die Kleiderhaken an Garderoben
sind mir fast immer zu weit oben.

In jedem Laden hängen Bügel
für mich zu hoch. Und alle Spiegel:
Ich seh darin nur meinen Scheitel
und ärg're mich. Denn ich bin eitel.

Nicht klein nur bin ich, auch nicht mager.
Wie gerne wär ich groß und hager!
Ob Ihr's mir glaubt oder auch nicht:
Ich bin zu kurz für mein Gewicht.

Und überall muss ich mich strecken
und alle Sprungkraft in mir wecken
und immer gleich aufs Ganze gehen.
Die Grundlinie kann ich nicht sehen,

das Netz zu hoch am Tennisplatz.
Bei jedem Spiel, bei jedem Satz
denkt Ihr, sie ist nicht schnell, die Kleine.
Sie hat doch viel zu kurze Beine!

Jagt beim Turnier mich, vor den Gästen!
Doch wer zuletzt lacht, lacht am besten.
Napoleon, Ghandi trösten mich:
Die Größe ist nur körperlich.

Denn wahre Größe, so der Schluss,
bedingt nicht, dass man groß sein muss.
Auch zu den Kleinen kommt das Glück.
Manchmal erst auf den zweiten Blick.

Schönheit

Schimmernde Perlen in einer Reih,
weiß und besonders schöne.
Das Lachen ungehemmt und frei.
So wollen wir die Zähne.

Doch die Natur schert sich nicht drum,
als wolle sie uns necken:
Die Zähne wachsen meistens krumm,
so dass wir sie verstecken.

Der Unterkiefer weicht zurück,
ein Schnabel das Profil.
Auf schräge Hauer trifft der Blick.
Wer mag schon das Gefühl?

Regnet's zur Unterlippe rein,
geht auch die Schönheit hops.
Der Oberkiefer ist zu klein.
Man sieht aus wie ein Mops.

Kaninchenzähne, eine Lücke,
schief das Gesicht, das Kinn, es flieht:
Unweigerlich zieht man die Blicke
auf sich. Und das schlägt aufs Gemüt.

Ob Mops-, ob Hasen-Illusion,
ein Geier- oder Froschgesicht,
behinderte Gelenkfunktion …
Das brauchen wir doch wirklich nicht!

Zum Korrigieren der Fassade,
für Zähne, die nun mal nicht grade,
gibt es zum Glück die Chirurgie
und die Kieferorthopädie.

So manches will uns nicht gefallen
an unserem Körper, im Gesicht.
Zu ändern gäb es was bei allen.
Davon berichtet dies Gedicht:

Die Augenlider hängen nieder.
Die Ohren abgespreizt.
Die Haare kommen auch nicht wieder.
Das macht uns doch gereizt!

Dort, wo sie einmal richtig dicht
waren, glänzt jetzt eine Glatze!
Sie amüsiert uns wirklich nicht
im Spiegel, unsere Fratze.

Die schiefe Nase, Hängebäckchen,
Speckpolster an der falschen Stelle,
das eine oder andere Fleckchen,
die Haut zu dunkel oder helle,

die Brust zu groß, zu schlaff, zu klein,
die vielen Falten im Gesicht,
der Penis dürfte länger sein
und dicker auch. – Und das Gewicht!

Zu schwer, zu leicht, zu dick, zu dünn.
Es ist nicht zu ertragen!
Und vielen kommt es in den Sinn,
die Korrektur zu wagen.

Für diese Menschen gibt es sie:
die Ästhetische Chirurgie.
Sie reduziert uns auf die „Norm“.
Sie bringt uns in die „Uni“-Form.

Und was sich außerhalb bewegt,
wird abgeschnitten, angelegt,
gesaugt, gestrafft und dann vernäht,
gelasert, unterspritzt, gedreht,

verätzt, geschliffen und poliert,
geritzt, gespritzt und transplantiert,
geformt, beschnitten und rasiert,
verglichen und ausbalanciert,

verpflanzt, gejätet, angesät,
gedüngt, gegossen und gemäht,
gewachst, gerissen und gecremt,
gebleicht, geglättet und getönt,

verkleinert oder unterfüttert,
gekürzt, verlängert, aufgebaut.
Sie operieren unerschüttert.
Wie formbar ist doch unsere Haut!

Und endlich ist es dann so weit:
Vorbei die Einzigartigkeit.
„Adieu“ sagt Sie noch mal
und geht – die Individualität.

Was unterscheidet uns dann noch,
vielleicht ein bisschen schon,
vielleicht genetisch doch,
von einem Klon?

Was haben wir denn zu verlieren,
wenn wir mit einem Eingriff im Gehirn
den Schönheitswahn selbst korrigieren?
Dieser sitzt doch direkt hinter der Stirn!

Ausreden

Vergessen, keine Lust, zu spät.
Hier braucht es Kreativität.
Denn eines nur beflügeln die
Ausreden: unsere Phantasie!

Zur Lüge ist man schnell bereit.
Sie hilft uns durch die Peinlichkeit.
Nur hält sie nicht, was sie verspricht.
Man glaubt sie nämlich meistens nicht.

War der Termin nicht längst vertagt?
Das war doch anders angesagt!
Und nun viel früher als gedacht!
Der Wecker hatte schlappgemacht …

Wer kann, versäumte er ein Essen
– nur weil er es total vergessen –,
vermeiden, dass, der ihn vermisst,
am Ende schwer beleidigt ist?

Den Gastgeber, zu keiner Träne
rührt ihn die Ausrede: Migräne,
wenn er umsonst gewartet hat.
Denn diese Phrase ist zu platt.

Wenn man zu spät kommt, ungeheuer
aufregend sind die Abenteuer,
die man so unterwegs bestanden.
Es sind die uns so wohlbekannten:

Man hatte alle Ampeln rot,
entkam sodann dem Unfalltod
nur knapp. Und ohne Ende Stau.
Kein Durchkommen! Frag meine Frau!

Die Illusion, man selber sei
bei Ausreden ideenreich,
geht an der Wirklichkeit vorbei.
Sie sind im Grunde alle gleich.

Am besten sind noch die Geschichten,
in denen man sich selbst gefällt.
Gar trefflich ist da zu berichten
von sich als Opfer oder Held:

Man musste Erste Hilfe leisten.
Gerettet habe man ein Leben!
Man denkt: Das glauben doch die meisten,
bewundern einen noch. – Von wegen!

Oder: Man war gerade dabei,
bei einer üblen Schlägerei!
Fast selbst erschlagen worden sei
man! Doch dann kam die Polizei …

Scham? Ignoranz? Bequemlichkeit?
Ein Mangel an Respekt?
Oder hat pure Dämlichkeit,
die Ausreden bezweckt?

Kriegt die Fassade einen Riss?
Verliert man das Gesicht?
Nur eines ist doch ganz gewiss:
Verletzen will man nicht!

Wer zugibt, nicht perfekt zu sein,
offen zu Fehlern steht,
dem ist viel leichter zu verzeihen,
weil's allen so ergeht.

Man muss es einfach nur probieren,
dann sieht man, dass es stimmt:
Mit Ausreden wird man verlieren –
die Offenheit gewinnt!

Unbeliebt

Suchst Du vielleicht die Einsamkeit?
Dann sei für diese Tipps bereit.
Befolge alle mit Bedacht,
dieweil ein jeder einsam macht.

Will ein Verehrer Dich erfreuen
mit Blumen, musst Du Dich nicht scheuen,
zu sagen: „Vielen Dank, mein Guter,
ein treffliches Kaninchenfutter!“

Wirst Du zum Essen eingeladen,
gefragt, ob’s schmeckte, hab den Mut,
es frank und frei herauszusagen:
„Nein, es war nicht besonders gut.“

Dein Ehemann, von Dir betrogen,
erinnert an den Treueschwur.
Erwidere: „Ich hab gelogen!“,
und schau dabei auf Deine Uhr.

Fragt dich ein Dicker: „Steht mir das?“
Dann sag: „Dir kann nichts stehen, Du Fass.
Ein Fettsack bist Du und zu klein.
Ich soll doch ehrlich zu Dir sein!“

Dein Liebhaber in seiner Glut
keucht leidenschaftlich: „Bin ich gut?“
Antworte: „Gib Dir keine Müh.
Die vor Dir waren, erreichst Du nie!“

Es gibt noch Leute, die Dich mögen?
Man macht um Dich noch keine Bögen?
Dir fällt gewiss noch etwas ein,
so richtig ekelhaft zu sein.

Verschollen

Wo bist Du jetzt schon wieder hin?
In welche Richtung gingst Du bloß?
Dass ich hier nur am Suchen bin
nach Dir! Namibia ist groß!

Hattest Du Deinen Hut noch auf?
Und welche Farbe trägst Du heut?
„Wo ist mein Mann?“ Während ich lauf
und such Dich, frag ich alle Leut.

Heut Morgen ging's Dir nicht so gut.
Langsam verlässt mich meine Ruh.
Dann seh ich Dich. Mich packt die Wut!
Gemütlich im Café sitzt Du!

Nicht, dass ich Dir den Spaß nicht gönn.
Entspann Dich ruhig mal ohne mich.
Damit ich nicht mehr nach Dir renn,
sag mir Bescheid! Ich bitte Dich!

Illusion

Flammenschrift auf dunklem Grund.
Gottes Wort tat sie ihm kund.
Stürzte den König vom Thron.
Eine Halluzination?

Maria war schwanger und unberührt.
So will es die Religion
und hält sich noch immer und unbeirrt
an Bibel und Tradition.

Was ist am Ende? Das Jüngste Gericht?
Stete Reinkarnation?
Ewige Dunkelheit? Strahlendes Licht?
Freiheit, Erleuchtung als Lohn?

Ob Moslem, ob Jude, ob Christ:
Sie fragten es alle schon,
was war,
sein wird,
ist.
Der Buddhist
weiß es allein: Illusion.

Wahrhaftig ist einzig und schlicht
der Liebe so dankbarer Lohn:
Das Lächeln in Deinem Gesicht;
zwar flüchtig, doch nicht Illusion.

Beständigkeit?

Prolog

Ich provozier in dem Gedicht
mit einigen Gedanken.
Die Wahrheit tröstet manchmal nicht
und sprengt gewohnte Schranken.

Beständigkeit?

Nicht greifbar, unerreichbar weit
scheint jenes heiß ersehnte Gut,
welches man nennt Beständigkeit.
Und nichts, das man dafür nicht tut.

Ob wir gewinnen, ob verlieren,
so wie der Sand vom Wind verweht,
müssen wir unser Leben führen:
Ein Teil entsteht. Ein Teil vergeht.

Wenn man gerade etwas gewonnen
und glaubt es sicher in der Hand,
hat das Verlieren schon begonnen,
bevor man es noch selbst erkannt.

Um das Zerrinnen aufzuhalten,
gibt es Verträge, Garantien.
Die Ängste will man so verwalten,
Zustände in die Länge ziehen.

Die Götter aller Religionen,
zur Hilfe stehen sie bereit,
uns zu versprechen Illusionen
von Wiederkehr und Ewigkeit.

Und wunderbare Lichtgestalten
haben sich Menschen ausgedacht,
um irgendetwas festzuhalten,
etwas, das sie unsterblich macht.

Veränderung ist alles Leben
und Raum und Zeit. Wer das erkannt
und liebt, wird nicht dagegenstreben.
Veränderung nur hat Bestand.

Bewegung. Wandel. Steter Fluss
durchdringen alles ohne Halt.
Und nichts bleibt, was doch gehen muss.
Nicht Mensch. Nicht Gott. Nicht Lichtgestalt.

Unser Verstand mag es nicht fassen:
Veränderung ist unser Gott.
Ihm huldigen heißt, loszulassen
im Leben und zuletzt im Tod.

Advocatus pavori
oder
Plädoyer für die Angst

Und der Herr sprach: „Angst, werde."
So kam die Angst zur Erde.

Kaum ein Gefühl
bewirkt so viel,
hat so viel Macht.
Gebt Acht:

Wenn wir sie kräftig schüren,
öffnet sie viele Türen.
Wie ich zu sagen wage,
ist sie Geschäftsgrundlage:

Wenn Diebe lauern,
nützt sie Erbauern
von Mauern.
Sie fördert die Nachfrage
nach der Alarmanlage.

Die drohende Epidemie
erfreut die Pharmaindustrie.
Angst vor Unfall, Krankheit, Tod,
Arbeitslosigkeit und Not
treibt uns früher oder später
in die Arme der Vertreter.

Denn es ist doch wirklich täglich
jederzeit ein Unglück möglich!
Haftung, Hausrat, Auto, Boot:
Sicherheit tut Not.

Unsere Selbstständigkeit
schwindet mit der Zeit.
Unterzeichnung der Verträge
sichert dann die Pflege.
Und die großen Geldkonzerne
nutzen unsre Ängste gerne.

Ohne Angst als Antriebsfeder
krankt die Wirtschaft, das weiß jeder.
Leben ohne Angst?
Mitnichten
muss man je darauf verzichten.

Ganz egal, wie viel wir zahlen,
für die Sicherheit ausgeben:
Niemals enden unsre Qualen.
Angst begleitet unser Leben:

Angst vor Lehrern, schlechten Noten,
Amokläufern und Chaoten,
Angst vor atomarem GAU,
Ansteckung mit HIV.

Angst, den Partner zu verlieren,
Angst vor kleinen Krabbeltieren,
vor dem Untergang der Welt.
Angst vor dem Verlust von Geld,

vor Gewitter und vor Sturm,
Höhenangst auf einem Turm.
Angst vor Menschen und vor Massen,
Angst, die Heimat zu verlassen.

Angst vor einer neuen Stelle.
Angst im Auto vor der Schnelle,
Angst vor Missgunst, Raffgier, Neid
Angst vor Ungerechtigkeit.

Angst vor Trennung, Angst vor Nähe,
vor der Bindung einer Ehe,
Eifersucht, Gewalt und Streit
und zugleich vor Einsamkeit.

Angst in allzu engen Räumen,
Angst, das Beste zu versäumen,
Angst vor Trauer und Verlust.
Angst vor Ärger oder Frust.

Und dann gibt es diese miese
Angst in einer Wirtschaftskrise:
Kurzarbeit und Niedriglohn,
Jobverlust und Inflation.

Viel länger wäre noch die Liste,
wenn ich mich nicht beschränken müsste.

Angst macht Angst; und das erklärt,
dass sich unsere Angst vermehrt.
Deshalb macht Euch keine Sorgen:
Angst war gestern, Angst ist morgen.

Angst geht um! Angst ohne Ende!
Angst war vor und nach der Wende.

Auch wird verkündet und begründet,
dass Angst die Menschheit eng verbindet.
Angst sei das Mittel, das die Welt
doch eigentlich zusammenhält.

Und diese Theorie verspricht,
dass aller Schrecken Gleichgewicht
auf der gesamten Erde
durch Angst erhalten werde.

Ohne Angst, so ist zu lesen,
wär der GAU schon längst gewesen.
Diese Welt wär längst vernichtet
ohne Angst, so wird berichtet.

Also steht es außer Frage,
dass ich hier so deutlich sage:
Angst, du bist, so glauben wir,
Überlebenselixier!

Werde ubi und quitär,
denn die Menschheit braucht dich sehr!
Überwinde alle Schranken!
Angst – wir haben Dir zu danken.

„Ermutigung“

Das kannst Du nicht.
Das lernst Du nicht.
Das schaffst Du sicher nie!
Gib auf, das ist zu schwer für Dich.
Spar Dir doch diese Müh.

Verlass Dich drauf: Ich kenne Dich!
Ich sage dazu nein!
Da brauchst Du Mut; den hast Du nicht.
Und clever musst Du sein.

Was willst Du ohne Kompetenz
und ohne Überblick?
So was hast Du noch nie gemacht!
Dir fehlt auch das Geschick!

Die Sache ist zu groß für Dich.
Du bist dafür zu klein.
Das haben andre schon versucht.
Was bildest Du Dir ein?

Das ist zu anspruchsvoll für Dich.
Ich seh da keine Chance.
Bei Nutzen und bei Risiko
fehlt Dir doch die Balance.

Das Ding entgleitet Dir im Nu!
Was glaubst Du, wer Du bist?
Ich trau Dir das nun mal nicht zu.
Du baust doch sonst nur Mist.

So glaub mir doch. Das kann nicht gehen.
Da brauchst Du richtig Biss!
Denn Deinen Mann musst Du da stehen.
Und Du hast doch nur Schiss!

Du scheiterst dran. Das sag ich Dir.
Dir fehlt auch die Geduld,
Dich durchzusetzen im Revier.
Gib mir dann nicht die Schuld!

Na, bitte sehr! Du zögerst schon!
Ich hab doch gleich gesagt,
dass tief in Deinem Inneren
ein großer Zweifel nagt.

Ein Beispiel nimm Dir doch an mir:
Ich hab aus eigner Kraft
in meinem ganzen Leben hier
nichts Richtiges geschafft!

Seniorenfrühstück

Regelmäßig jeden Morgen
mach ich mir die gleichen Sorgen:
Ginge es nach Deinem Willen,
nähmest Du nie Deine Pillen!

Stell die Butter wieder hin!
Und nur eine Laugenstange!
Denk an Dein Cholesterin,
denn sonst lebst Du nicht mehr lange.

Hast Du es noch nicht kapiert?
Erst die Grünen.
Vor dem Essen.
Halt, die werden noch halbiert!
Die fürs Herz hast Du vergessen.

Schluck sie runter. Lass das Motzen!
Ja, ich weiß, sie sind zum Kotzen.
Doch sie werden – wollen wir wetten? –
Dir noch mal das Leben retten.

Dein Mund ist schon wieder trocken?
Wohl vom In-der-Kneipe-Hocken.
Alkohol – hast Du gehört? –
ist hier kontraindiziert!

Soll ich Dir noch Wasser bringen?
Die noch nicht. Lass sie nur liegen.
Ich kann mich genau besinnen:
Die sollst Du am Abend kriegen!

Noch macht sie Dir kein Problem,
Deine große Prostata.
Zur Vorsorge musst Du gehen.
Und zwar noch in diesem Jahr.

Unser Doktor hat gesagt:
Prävention wird nicht vertagt.
Mit den Pillen brauchst Du später
vielleicht doch keinen Katheter.

Diese langen gelblich weißen …
Kleiner sollten sie wohl sein?
Nein, die sind nicht abzubeißen.
Die gehören hinten rein!

Scheiß auf die Pillen?
Was soll ich machen?
Dich nicht vollmüllen?

Ich soll nicht lachen?

Gammelfleisch

Anfangs jugendlich und fit,
hungrig, voller Kraft und glatt,
später dann schon leicht morbid,
ausgetobt, erschöpft und satt.

Jedes frische Fleisch wird alt
und verändert die Gestalt.
Wie auch immer man das deute:
Gammelfleisch nennt man das heute.

Hängen wird mal jede Brust.
Nicht nur große, auch die kleinen.
Doch ob mit, ob ohne Lust:
Ähnlich ist's zwischen den Beinen!

Alt zu werden, droht uns allen.
Ob nun glatt, ob faltenreich:
Äußerlich mag man verfallen.
Die Gefühle bleiben gleich.

Was man da so hören muss:
Nicht mehr ganz so stürmisch sei
die Umarmung und der Kuss.
Mit dem Sex sei es vorbei …

wird behauptet. Doch mitnichten!
Es gibt andres zu berichten:
Sind die Knochen erst sortiert,
liebt man sich ganz ungeniert!

Unsere Lebenszeit ist endlich.
Jedes kleine Zipperlein
macht uns das nur zu verständlich.
Darauf stellt man sich nun ein.

Zeit zum Leben alter Träume
ist das Motto und Genuss,
dass man nicht zuviel versäume.
Lebensfreude bis zum Schluss.

Ohne viel Potenzgetue,
ganz entspannt im Hier und Jetzt,
mit Gelassenheit und Ruhe,
von Erfolgsdruck nicht gehetzt

geht man nun die Dinge an,
die man sich noch leisten kann.
Stress, behaupten böse Zungen,
überlässt man dann den Jungen.

Depression

Ich bin ein einer Krise,
fühl mich entsetzlich miese,
vergessen, alt und hässlich.
Es geht mir einfach grässlich.
Ich grüble und vermeide
Kontakt, bin starr und leide.

Was auch geschieht, macht mich nicht froh.
Mein Leben scheint ein Griff ins Klo.
Das muss sie sein.
Sie hüllt mich ein,
erdrückt mich schon:
Die Depression.

Alzheimer

Wenn man vergisst,
was ist,
was grad noch war,
wenn alte Zeiten
mehr begleiten,
als diese Stunde, dieser Tag und dieses Jahr,

muss man sich vorbereiten

auf die Dementia.

Zuerst
kommt der Verlust
von dem,
was man gewusst.

Dann
eigenes
Versagen,
ohne Schuld;
kaum zu ertragen.

Angst
und Aggression
im Unterton.

Keine Geduld.

Und wie in einer Mühle
die Gefühle.

Kein Halt.
Und bald
verliert man Ziele,
verwechselt Stühle,
wählt falsche Türen.
Das Orientieren
fällt schwer.

Und neue Sachen
kann man nicht machen.

Der Kopf ist leer.
Ordnung,
Gewohnheit
hilft da noch sehr.

Doch das Verlieren
wird mehr:

Zunehmend
entgleiten
die Möglichkeiten,

noch mitzufühlen,
den Blick zu weiten,

Gedanken anderer
zu begleiten.

Und mehr und mehr
Verwirrung.
Auf Schritt und Tritt
Verirrung.

Hilfloser Blick.
Kein Weg zurück.

Wie sehr
tut man sich schwer!
Bald geht nichts mehr.

Noch sucht man täglich
sich selbst:
Vergeblich.

Dann, spät,
kommt eine Zeit
ohne
Identität.
Ohne
Persönlichkeit.

Wo früher Licht
und Leben,
ein Nehmen und ein Geben,

lebt's nicht.

Und Dunkelheit
macht sich nun breit.

Ein Dämmern.

Und mit der Zeit
bleibt

nichts

als Warten.

Tod

auf

R

a

t

e

n

Der alte Vater

Von Weitem angereist bin ich und muss beklagen:
Nicht das, was ich erhoffte, kommt zurück.
Ich war erwartungsvoll, mitteilsam, voller Fragen.
Doch irgendwie nach innen geht sein Blick.

Was mir am Herzen liegt, will ich ihm gerne sagen.
Allein mir scheint, es geht an ihm vorbei.
Er geht kaum darauf ein, er hat auch keine Fragen.
Als sei, was mich bewegt, ihm einerlei.

So viel von mir möcht ich ihn wissen lassen.
Von meinem Vater bricht es Stück für Stück.
Ich fühl mich irgendwie von ihm verlassen.
Doch der er einmal war, kehrt nicht zurück.

Und Traurigkeit erfüllt mich und die Frage,
wie viel von mir ihn wirklich noch erreicht?
Wie er sie wohl erlebt mit mir, die Tage?
Abschiedsgefühl, das heimlich mich beschleicht.

Im Herzen kann ich immer beides sehen:
das Alter, welches maskenhaft und starr,
doch auch das Bild – und das ist wunderschön –,
als interessiert er noch und lebhaft war.

Auch seine Wandlung trügt, ist falscher Schein.
Weiß ich es doch, dass er nicht anders kann.
Für mich wird er trotzdem derselbe sein.
Er ist nun mal ein hochbetagter Mann.

Vor Kurzem hat er mir noch einen Brief geschrieben:
Die Dankbarkeit in zarten Worten ausgeführt,
dass ihm der Kinder Liebe stets geblieben,
dass er uns liebt. Das hat mich tief berührt.

Im Innern weiß ich es genau, mit wie viel Wärme,
Zufriedenheit und Glück es ihn erfüllt,
sein Kind zu sehen, zu umarmen, und wie gerne
er so die Sehnsucht nach der Tochter stillt.

All meine Liebe gilt dem Manne, der
mir doch ein Leben lang ein guter Vater war.
Und jedes Mal fällt mir der Abschied schwer.
Wir wissen beide nie, ob es der letzte war.

OD-V-182

Sie durfte den Lehrer nicht lieben.
Ihn hat es ins Ausland getrieben.
Seine Autonummer
ist ihr von dem Kummer
bis heut im Gedächtnis geblieben.

Liebe

Sei, wie du bist.

Denn wie Du bist,
wirst Du geliebt.

Dass Du es nie vergisst:

Die Liebe ist bedingungslos.
Bestimmungslos.

Und voll Vertrauen
auf sie bauen
kannst Du.

Und nur,

weil es so ist.

Weil es Dich gibt.

Liebeserklärung

Wie oft hab ich es schon versäumt,
zu zeigen Dir, wie ich Dich schätze.
Was hab ich vor dir weggeräumt,
damit ja niemand Dich verletze.

Achtung. Verlässlichkeit. Vertrauen.
Geborgenheit. Das gibst Du mir.
Und sollte sich mal jemand trauen,
mir wehzutun, wirst Du zum Tier.

Hör ich den Schlüssel in der Tür
und Du trittst ein, tut mir das gut.
Da ist dann das Gefühl von „Wir"
und immer noch ein bisschen Glut.

Noch immer mag ich Deine Nähe
und liebe Deiner Stimme Klang.
Und wenn ich heimlich nach Dir sehe,
gefällst Du mir noch. – Gott sei Dank!

Ich fühle gerne Deine Wärme
und Deiner Hände Zärtlichkeit,
von der ich immer wieder schwärme.
Und das noch nach so langer Zeit.

Gemeinsam meisterten wir Krisen.
An vielen Fronten das Gefecht.
Und dabei hast Du mir bewiesen:
Meine Entscheidung war nicht schlecht,

mit Dir gemeinsam alt zu werden.
Ich bin so froh, dass sie uns blieb
– und ohne größere Beschwerden –,

die Liebe.

Ja.

Ich hab Dich lieb.

Tragische Liebe

Er war für sie pure Faszination.
Sie gab sich ihm und ohne Kompromiss.
Vom ersten Augenblicke wusste sie es schon.
Sie war sich ihrer Liebe so gewiss.

Seiner Verzauberung ist sie erlegen.
Dabei hat er doch nur an sich gedacht.
Und was sie fühlte, hatte keinen Segen.
Nur Illusionen hat sie sich gemacht.

Ihn hatte sie als Schicksal auserkoren,
sich keine Konsequenzen ausgemalt.
Fast alles hat sie dann dabei verloren.
Zu hoch der Preis, den sie dafür gezahlt.

Sie zögerte nicht, alles aufzugeben.
Ihre Familie ließ sie blind zurück,
um ihn zu lieben, um mit ihm zu leben.
Sie platzte, ihre Vision vom Glück!

Das ungeborene Kind hat sie zuerst verlassen.
Das war nicht ganz nach einem Vierteljahr.
Dass seine Liebe folgte, konnte sie nicht fassen,
dass sie auf einmal ohne alles war.

Um ihren Stolz zu retten, ist sie ausgezogen,
hoffend, dass er sie dann vielleicht vermisst.
Sie aufzuhalten, hat er nie erwogen.
Sie ahnte nicht, wie schnell er sie vergisst.

Sie schrieb ihm Briefe. Ungeöffnet trugen
sie ihre Botschaft stets zu ihr zurück.
Ihr Leben geriet völlig aus den Fugen.
Sie litt und litt, beweinte ihr Geschick.

Er hat sie kommentarlos gehen lassen.
Er hat sie ausgetauscht wie Inventar.
Und dennoch konnte sie ihn niemals hassen,
weil er doch ihre große Liebe war.

Sie ist verzweifelt diesen Weg gegangen,
auf den das Schicksal sie hinausgeschickt.
Und irgendwie hat sie sich doch gefangen
und auch das Glück. Sie ist nicht eingeknickt.

Nie wieder ist sie so naiv gewesen,
weil sie die unbedachten Schritte nicht vergisst.
Heut kann sie alle Zeichen der Verführung lesen,
weil sie gereift und auch geläutert ist.

Ob er wohl seines Lebens froh geworden
ist? Sie hat lange nichts von ihm gehört.
Hat seine Art, der anderen Glück zu borgen,
vielleicht sein eigenes Leben auch zerstört?

Scheideungskinder
Ein fiktives Gespräch

Beide Kinder:

Der Papa sagt zur Mama: Nein.
Ich darf nicht wie die Mama sein.
Die Mama sagt zum Papa: Nein.
Ich darf nicht wie der Papa sein.

So oder so. Wie wir auch sind,
wir haben keine Wahl.
Von beiden sind wir doch das Kind!
Es ist so eine Qual!

Jüngeres Kind:

Wie ich auch bin, was ich auch sag,
was immer ich auch tu:
Einer ist da, der es nicht mag.
Jetzt mach ich einfach zu.

Älteres Kind:

Ich kann und will nicht akzeptieren,
was Ihr da mit uns tut.
Um dieses Spiel nicht zu verlieren,
nehm ich all meinen Mut.

Jüngeres Kind:

Ich sag mir, es ist einerlei.
Ich komm damit schon klar.
Doch irgendetwas fehlt dabei,
das früher einmal war.

Älteres Kind:

Sie hilft nicht, meine Strategie.
Ihr macht es mir so schwer:
„Ich sehe schon, Du bist wie sie!“
„Du bist genau wie er!“

Jüngeres Kind:

Ich zieh mich still in mich zurück.
Dann tut es nicht so weh.
Und suche anderswo das Glück,
das ich bei Euch nicht seh.

Älteres Kind:

Ich kämpfe mit dem Ziel im Blick,
auch wenn Ihr mich verletzt!
Vielleicht kommt doch mal was zurück.
Und später, wenn nicht jetzt.

Mutter:

Was Du gesucht, das wissen wir,
hast Du nicht nur vermisst.
Und akzeptieren müssen wir,
was nicht zu ändern ist.

Denk ich zurück, fühl ich mich schlecht.
Es tut mir ja so leid!
Ich bitt Euch, wenn ich ungerecht
war, dass Ihr mir verzeiht.

Patchwork

Geliebt und vorhanden,
vier kleine Gestalten,
bevor wir uns fanden.
Sie galt es zu halten,

ihr Trennungsleid
zu überwinden,
Geborgenheit
für sie zu finden.

Und jedes ein Unikat
mit Kanten und Ecken.
Durch Liebe in Wort und Tat
Vertrauen zu wecken,

das wollten wir wagen
und hatten den Mut.
Sie mussten's ertragen.
Nicht immer ging's gut.

Resignation

Erneut hat es zu nichts geführt.
Enttäuscht bin ich. Ich bin frustriert.
Und wieder einmal ist mir klar:
Es ist noch so, wie's immer war.

Wie schon so oft hab ich's versucht.
Er zögert keinen Augenblick,
mir wehzutun. Ich bin verflucht.
Und es gibt keinen Weg zurück.

Wieder hab ich ihn nicht erreicht.
Im Stillen ahnte ich es schon.
Die letzte Hoffnung, die nun weicht.
Ich treffe nie den rechten Ton.

Die Friedensangebote, alle,
die ich an ihn gerichtet hab,
sah er als Hinterhalt, als Falle,
und wies sie immer wieder ab.

Taub ist er, blind und eingemauert.
Im Staub will er mich vor sich sehen.
Und gar nichts hat er je bedauert.
Und niemals wird er mich verstehen.

Er machte sich nie ein Gewissen
daraus, wie sehr er mich gequält.
Er wollte es auch gar nicht wissen,
weil ihm die Einsicht dazu fehlt.

Ich habe diese nun gewonnen,
(und darum geht es mir so schlecht):
Wir werden nicht zusammenkommen.
Er ist dafür zu selbstgerecht.

Beschuldigung ist seine Masche.
Rechtfertigend benutzt er sie
für sich und lügt sich in die Tasche.
Nachgeben konnte er noch nie.

Es macht so glücklich zu verzeihen!
Ich fühle keinen Hader mehr.
Warum verletzt er stets von Neuem?
Warum nur hasst er mich so sehr?

Er ist in seiner Welt gefangen.
Sein Bild von mir ist zementiert.
Ich werde nie zu ihm gelangen
und habe endlich resigniert.

Ich gebe auf, ich seh es ein:
nur Ablehnung, Kritik.
Er will mir nicht gewogen sein.
„Bleib weg!“, sagt mir sein Blick.

Unüberwindbar scheint die Hürde,
mein Weg zu ihm versperrt.
Ich ziehe mich zurück in Würde,
die hat er nicht zerstört.

Inneren Abschied nehm ich jetzt
von ihm. Doch tu ich's nur aus Not:
Damit er mich nicht mehr verletzt.
Es schmerzt mich mehr, als wär er tot.

Ich wünsche nur, er wahrt den Schein
der Freundlichkeit, wenn er mich sieht.
Für unsere Kinder soll es sein,
in denen beider Liebe blüht.

Namibia 2010
Ein Liebesgedicht

Namibia in heut'ger Zeit,
von dem ich nichts gewusst,
bezaubernd, wüst und endlos weit.
Wie gut Du mir doch tust!

Ich fahr auf Schotterwegen.
Ich bin nur ein Tourist.
Wie wär es, hier zu leben?
Wie Du wohl wirklich bist?

Und meine Augen weiden
Dich ab mit jedem Blick.
Hungrig und unbescheiden.
Gierig nach jedem Stück.

Zu viel bleibt mir verborgen
der Wunder der Natur.
Es reicht nicht heut, nicht morgen.
Zu wenig seh ich nur.

Die Vielfalt Deiner Gaben,
die bei Dir aufgetischt:
Friedlich sind sie zu haben,
von Schwarz und Weiß gemischt.

Die Klänge Deiner Lieder.
Die Stimmen froh und voll.
Namibia, ich komm wieder!
Wenn's mir vergönnt sein soll.

Warzenschwein

Ich wär so gern ein Warzenschwein,
wild und mit krummen Zähnen.
Ich dürfte voller Warzen sein
und müsste mich nicht schämen.

Reifenpanne

Mitten in der Savanne.
Die erste Reifenpanne.
Hereros. Ist das eine Bar?
Vielleicht ein Klo? Ein Klo! Hurra!

'ne richtig nette
Toilette!

Kein Wasser. Mäusedreck. Verschmiert.
Wer da die Contenance verliert,
wer sich an Fliegen stört und Kot,
der ist verloren in der Not.

Der Wind geht heiß. Die Sonne sticht.
So was entmutigt uns doch nicht!
'ne Zigarette und 'n Bier.
Wo kann es schöner sein als hier!

Safari

Kein Elefant kommt zu Gesicht.
Am Wasserloche stehen sie nicht.
Ein Gnu.
Und eine Kudukuh.
Safari, so heißt mein Gedicht.

Wo wir uns auch bewegen,
ist durch den Sommerregen
der Boden nasser.
Und es gibt Wasser
auch abseits von den Wegen.

Blühend und grün an allen Ecken
die Gräser, die den Boden decken.
So schön das Bild.
Es grast das Wild,
lässt frisches, zartes Grün sich schmecken.

Die Eleganz der Springbockherde
kennt nicht die Schwerkraft dieser Erde.
Schwungvoll gezeichnet ist ein jeder
Springbock. Gemalt wie mit der Feder.
Doch, was ich nie vergessen werde

bei diesen wunderbaren Tieren:
Den Sprung zugleich mit allen Vieren,
elastisch hoch aus vollem Lauf!
Die pure Lust beim Ab und Auf
kann man allein vom Hinschauen spüren!

Schakale, die nicht bellen.
Und an den Wasserstellen
von Nashorn, Löwe keine Spur.
Nur Büffel, Vögel und Natur
und Zebras und Gazellen.

Im Streite um ein totes Tier
geiern fünf Geier, dazu vier
Hyänen am Kadaver.
Gezanke und Palaver.
Nur bleiche Knochen bleiben hier.

Impalas wie Gazellen
gehören zu den schnellen
Bewohnern der Savanne
in der Ethosha-Pfanne,
wo Antilopen rennen,
(um diese noch zu nennen)
die nicht ihr Fell verbrennen,
nicht sitzen
und schwitzen
(wie ich).

Die Borstenhörnchen hatten
dank ihrer Schwänze Schatten
nie einen Sonnenstich.
Das geht beim Menschen nicht.
Selbst nicht bei meinem Gatten!

Sonne von oben,
um sich am Boden
heiß auszutoben.
Und hinterm Heck

wölkt Staub und Dreck.
Mein Hirn ist leck.
Ich will hier weg!

Wie die Giraffen
das schaffen,
sich aufzuraffen,
nur um zu gaffen!
Und ohne Mütze
bei dieser Hitze!

Tiefrot glüht meine Nase.
Demnächst platzt meine Blase!
Ich frag mich, wo
ist hier ein Klo?
Wo ist eine Oase?

Schwarzstörche, Emus, Straußenvögel
erhöhen kaum den Stimmungspegel.
Eine Oryx.
Und weiter nix.

Dann streichen wir die Segel.

Buschmann und Himba
(zwei Namibische Stämme)

Wer von uns kennt das Buschmannsherz?
Wann ist ein Himba reich?
Wie fühlt er Liebe, wie den Schmerz?
Was braucht er im Vergleich

zu uns? Und wer ist überlegen?
Was macht den Buschmann froh?
Wer von uns kann sich so bewegen,
so frei wie er. Wieso

hat sich ein Himba denn noch nie
und offiziell beschwert,
dass ihm doch nur ein wenig Vieh
und Frau und Kind gehört?

Der Buschmann ist nicht so wie wir,
kennt Gestern nicht und Morgen.
Er atmet nur das Jetzt und Hier
und macht sich keine Sorgen

um DAX, Dow Jones und Konjunktur,
er lebt fast wie ein Tier.
Er kennt nur sich und die Natur.
Und er kennt keine Gier.

Er nimmt den Tod ergeben hin
und Schicksal und Gefahr
und fühlt nur: Ich bin wie ich bin
an jedem Tag im Jahr.

Er weiß auch nicht, wie alt er ist.
Wenn er etwas verliert,
wird es von ihm nicht lang vermisst,
denn, was passiert, passiert.

Sein Glück, es liegt im Augenblick.
Und ist er nur gesund,
bestimmt allein er sein Geschick
von der Hand in den Mund.

Betrachten wir mal unser Leben:
Wie fühlt sich Mensch? Wie Tier?
Sind wir denn wirklich überlegen?
Geht es uns besser hier?

Die Zivilisation.
Was gibt sie uns denn schon?

Sie stiehlt die Gegenwart, die Zeit.
Sie bringt uns Wünsche, Zwänge, Neid.
Sie fördert die Bequemlichkeit,
künstliche Armut, Stress und Leid.

Flora und Fauna opfern wir
für Eitelkeit, Genuss und Gier.
Damit sich unser Reichtum mehrt,
wird anderswo das Land zerstört.

Profitgierige Horden.
Was ist aus uns geworden?

Fluch des schwarzen Kontinents

Es ist ein böser Geist erwacht
und hat vor keinem Halt gemacht.
Wo man sich liebt, ist er schon da.
Heimlich zerstört er Afrika.

Ein Geist, der immerzu verführt.
Ein Geist, der keinen respektiert.
Er trachtet jedem
nach dem Leben.

Wenn erst sein Todesatem weht,
sein Wirken zeigt, ist es zu spät.
Nicht spüren kann man ihn, nicht sehen.
Der Buschmann kann ihn nicht verstehen.

Die Hälfte ist schon infiziert.
Ein Volk, das schleichend sich verliert.
Sie schwindet irgendwann, die Spur
bescheidener Buschmannskultur.

Auch ihr geheimes Wissen
wird man danach vermissen.
Schamanen-, Kräutermedizin:
Verloren. Ausgelöscht. Dahin.

Gedanken über Weihnachten mal anders

Die Tiere spendeten die Wärme.
Und ihre Hirten schenkten gerne
das wenige, was ihnen eigen,
als seiner ersten Stunden Zeugen.

Jesu Geburt gab uns so viel:
Vergebung, Gnade, Mitgefühl.
Wenn nur ein wenig von ihr bliebe,
von der Mission der Nächstenliebe!

Weil wir uns viel zu selten trauen,
mal übern Tellerrand zu schauen,
ist das, was Jesus uns erzählt,
nun völlig auf den Kopf gestellt:

Derweil wir durch die Läden laufen,
um Überflüssiges zu kaufen,
fehlt es bei vielen überall,
wie einst zu Bethlehem im Stall.

Es herrscht: „Wer hat, dem wird gegeben."
Haben statt Sein bestimmt das Leben.
Erst Völlerei, danach das Fasten.
Warum mit beidem sich belasten,

wenn man es denen nebenan,
die hungrig sind, doch geben kann?
Statt nach Geschenken uns zu hetzen,
könnten wir uns zusammensetzen.

Gemeinsam könnten wir bedenken,
wen wir in diesem Jahr beschenken
in Nord und Ost und Süd und West,
wo Armut herrscht zum Weihnachtsfest.

Wir hängen an der Tradition.
Und weil die Tradition verführt,
feiern wir Weihnacht wie gewohnt.

Nun ist genug moralisiert.

Weihnachtsgedicht für alle, die kein Geschenk (bekommen) haben

Wir schubsen, drängeln, wühlen, wüten,
beladen uns mit tausend Tüten.
Das, was wir dann nach Hause tragen,
sind Sachen, die wir längst schon haben.

Und durch die Gänge klingen wieder
mit Pop verkitschte Weihnachtslieder.
Die alte Seuche macht sich breit:
die Frömmelei der Weihnachtszeit.

Wir machen es uns viel zu schwer!
Wie schön das Weihnachtsfest doch wär
ohne Geschenke, eine Zeit
der Ruhe und Besinnlichkeit.

Ruhe, einfach nur zuzuhören,
Muße, ein Gläschen Punsch zu leeren,
Zeit, sich entspannt zurückzulehnen,
einander wieder wahrzunehmen.

Gute Gespräche, Keks und Stollen
bei Kerzenschein, Gemütlichkeit …
Sie kann so schön sein, wenn wir wollen,
ohne Konsum, die Weihnachtszeit.

Und welche eignet sich im Leben,
besser, einander zu vergeben?
Christus kam nicht in diese Welt
für Neuanschaffungen und Geld.

Geschenke als ein Liebeszeichen
sind ohne Zweifel wunderbar.
Noch mehr kann man damit erreichen,
wenn sie verteilt sind übers Jahr.

Intelligent Design
oder
Gotteskritik der Übergewichtigen

Dein Mitgefühl wird hier vermisst:
Bist Du am Ende ein Sadist?
Genau das, was Genuss verspricht,
das, was uns schmeckt, erlaubst Du nicht.

Erschufst die fetten, süßen Sachen,
obwohl sie dick und hässlich machen.
Wer mag nach einer Mahlzeit rennen,
um seine Bratwurst zu verbrennen?

Unsere Nase? Überflüssig!
Man wird des Riechens überdrüssig,
wenn durch Verführung des Geruchs,
Verbotenes verlockt: Versuch's!

Was ist das für ein Hundeleben!
Geschmacksknospen, die uns gegeben
sind, nur damit wir beim Vermeiden
von dem, was ihnen wohltut, leiden!

Deine so einfallsreichen Gaben,
Herr, sind für Hunger, Mangel, Not!
Hier, wo wir doch das Meiste haben,
stirbt man damit den Wohlstandstod.

Jene, die ganz auf Dich versessen
sind, hört man ständig davon schreien.
Uns, scheint es, hast Du wohl vergessen
bei dem „Intelligent Design“.

Diät

Man liebt, hasst und erleidet sie:
die Energie der Kalorie,
stets dort versteckt,
wo's schmeckt.

Nur kurz erfreut sie unsern Mund,
danach sprengt sie den Hosenbund.
So bleibt wohl nur
die Kur.

Doch kaum hat man Verzicht geschworen,
verdoppeln sich die Rezeptoren,
die jederzeit
bereit

sind, zu verführn zu kleinen Sünden,
die unentwegt Genuss verkünden.
Alle Gedanken
ranken

darum, was man nicht essen darf.
Man ist zu keiner Zeit so scharf
darauf versessen,
zu essen.

Diät erfordert Disziplin.
Man nimmt sie unverdrossen hin,
aus freier Wahl
zur Qual.

Weniger Einfuhr, mehr Verbrauch
ist das Geheimnis. Und der Bauch
bleibt knurrend leer,
will mehr.

Ist endlich man am Zielgewicht,
vorbei Entbehrung und Verzicht,
ist man vom Leid
befreit,

weil man genügend abgespeckt
hat, isst man wieder das, was schmeckt,
wird wieder rund.
Die Stund

kommt, wo das Spiegelbild erschreckt.
Das nennt man dann „Jo-Jo-Effekt“.
(Es folgt erneut
das Leid.)

Wie geht es?

„Es“ kommt und geht, es weint und lacht,
die Keule schwingend oder sacht.
Als wär’s ihm einerlei.

Es überrascht, es hält uns hin.
In tiefem Dunkel bleibt der Sinn.
So geht es auch vorbei.

Man wird „Wie geht’s?“ gefragt
und lächelt, eh man klagt,
und flüchtet ins Banale.

Die Antwort wäre reich.
Doch bleibt sie meistens gleich.
Und nichts durchdringt die Schale.

Weil Unglück Voyeurismus weckt,
verunsichert, verstört, verschreckt,
zeigt man sich stark und gerade.

Anstatt sich zu beschweren,
nach außen sich zu kehren,
bewahrt man die Fassade,

hält sich bedeckt an Floskeln fest,
bemüht darum, den schweren Rest
nur ja nicht zu erwähnen.

Doch jeder trägt sein Kreuzelein,
das eine groß, das andre klein,
kennt Tage voller Tränen.

Wer alle Scham vergisst,
bekennt, wie's wirklich ist,
voll Trauer, Hoffnung, Wut,

erfährt, er ist nicht mehr allein.
Und nicht allein zu sein,
tut gut.

Neue Freundschaft

Ein Lächeln.

Zart.

Kaum wahrnehmbar.

Einen Hauch länger ruht der Blick.
Ob man sich schon begegnet war?
Man sendet das Signal zurück.

Die Stimme:

Freundlich klingt die Frage,
die echtes Interesse zeigt.

Ein Tasten.

Ob ich es wohl wage
zu hoffen, dass es auch so bleibt?

Man kennt dafür nicht die Bedingung,
die neue Freundschaft knospen lässt.
Es ist wie unsichtbare Schwingung,
als stamme man vom selben Nest.

Zaghaft entwickelt sich Vertrauen
und zur Gewissheit wird der Schein:
Auf diesen Menschen kann ich bauen.
Wie ich auch bin, so darf ich sein.

Ganz überflüssig die Fassade.
Verletzlich, schwach darf man sich geben.
Und Fünfe lässt man auch mal gerade
sein. Das gehört nun mal zum Leben.

Hier lässt sich auch Kritik ertragen.
Es droht nicht Klatsch und nicht Verrat.
Drum darf man offne Worte wagen.
Und Worten folgt zumeist die Tat.

Verrückte Sachen kann man machen.
Ganz ohne Hemmung, voller Lust
gemeinsam weinen, streiten, lachen,
die Freude teilen und den Frust.

Man wird nicht sein Profil verlieren,
weil man das Kind beim Namen nennt.
Denn offen findet man die Türen,
die man beim anderen einrennt.

Ein Lächeln.

Zart.

Kaum wahrnehmbar.

Voller Verständnis dieser Blick.
Ob man sich schon begegnet war?

Und dankbar ist man für dies Glück.

Morgen (nach einer Nacht mit Freunden)

Ein leichter Druck im Kopf.
Die abgebrannte Kerze.
Vom Grillen noch der Topf.
Das Echo unserer Scherze

in den Gedanken.

Zwischen der Morgenblüten Duft
hängen der Worte Fetzen
noch in der lauen Sommerluft.
Hier will ich mich nun setzen.

So ohne Schranken

war, was durchtagte Nacht
vertraulich, zwanglos, frei
mit Euch hervorgebracht.
Als ob's so richtig sei,

ist, was ich fühl und denk.

Und jeder warf sein Ich in unsre Mitte.
Wahrhaftigkeit durchströmte diesen Platz.
An unsre Zukunft richte ich die Bitte:
Bewahr uns diesen wunderbaren Schatz.

Ihr wart mir ein Geschenk!

Reiki

Kennen auch Sie
Reiki?

Die Energie,
die heilt,
die durch die Hände fließt,
von überall und nirgendwo,
nach irgendwo
und dort verweilt,
wo man sie braucht,
und wirkt?

Und die sich nie verbraucht,
und keiner weiß, warum
und wie das geht,
und doch, wer sie genießt,
der fühlt, dass er nicht irrt,
und kümmert sich nicht drum,
wenn er's auch nicht versteht.

Geheimnisvolle Kraft,
die so viel Segen schafft!

Sie schweigt
und zeigt
uns nur
die Wirkung der Natur
der Liebe.

Wenn sie doch bliebe!

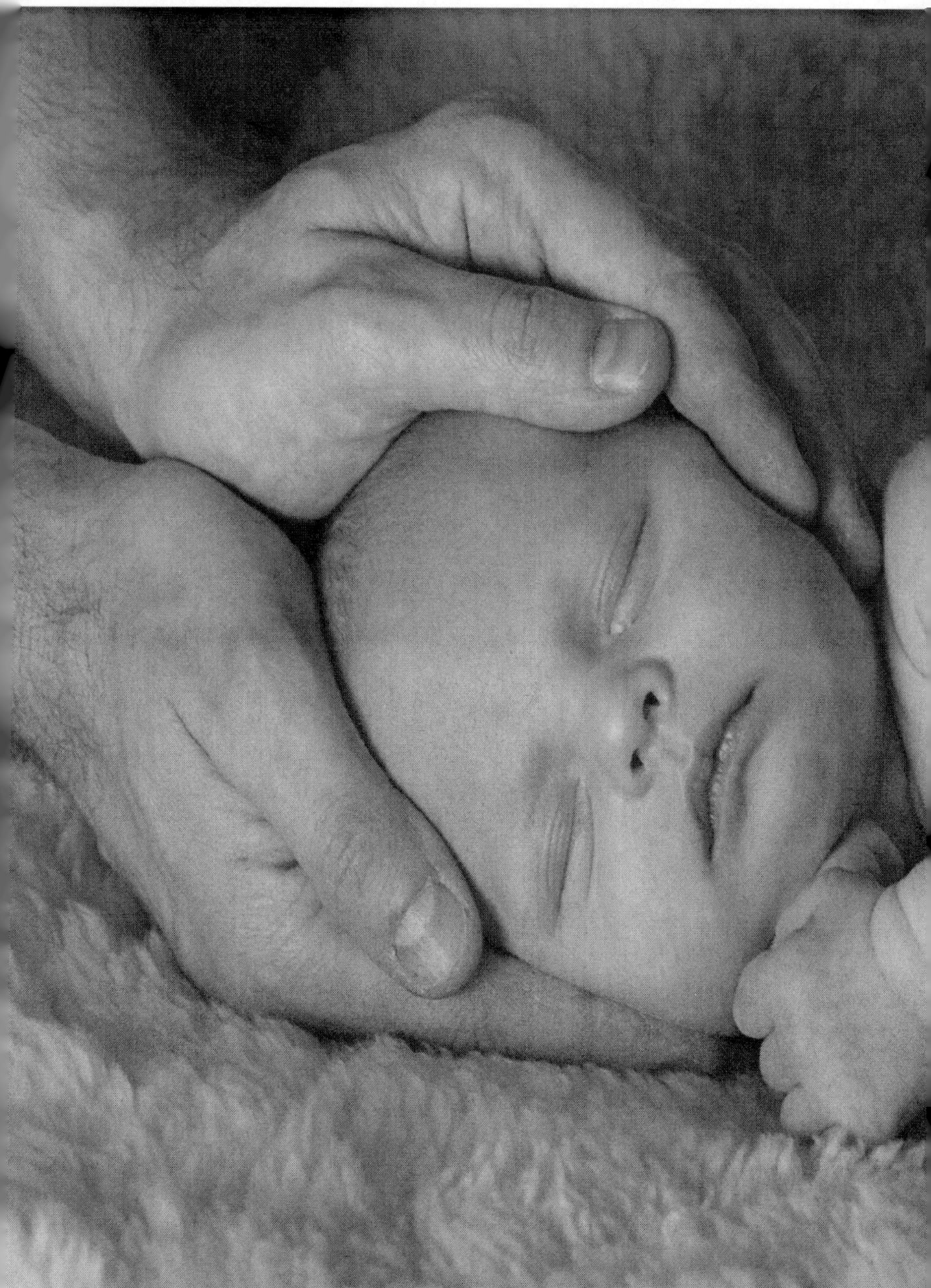

Geständnis

Ich schreibe, was mir einfällt,
und möglichst klar und schlicht.
Ich schreibe, wie's mir einfällt.
Meist wird es ein Gedicht.

Ich schreibe, wenn's mir einfällt,
fast nie am Schreibtisch hier.
Ich schreibe, wann's mir einfällt,
manchmal morgens um vier.

Ich schreib an roter Ampel,
schreib weiter, wenn sie grün,
vertieft in Versgestrampel,
und bleib zu lange stehen.

Wenn mir das Schreiben einfällt,
fehlt Stift oft und Papier.
Dann bin ich ganz verzweifelt,
weil ich den Vers verlier.

Ich schreibe, wo's mir einfällt,
im Dunkeln und im Licht.
Und wenn mir gar nichts einfällt,
dann schreibe ich auch nicht.

Ich schreibe, weil's mir einfällt.
Auch um zu provozieren.
Doch mehr noch soll die Scheinwelt
der Worte Euch berühren.

Wer weiß, was mir noch einfällt,
wenn auch der Ruhm noch zählt!
Wer weiß, was mir noch einfällt,
krieg ich dafür erst Geld!

Was bin ich? Und wenn ja, warum? oder Sinnkrise

Was bin ich? Und wenn ja, warum?
Ich spinn nicht und ich bin nicht dumm.
Es lässt mir keine Ruh.

Was sollte ich am besten tun
am Morgen und am Afternoon,
tagtäglich? Und wozu?

Was ist dabei das rechte Maß?
Wie macht es mir dann so viel Spaß,
dass ich nicht lieber geh?

Was ist mit alledem gemeint,
das so geheimnisvoll erscheint,
weil ich den Sinn nicht seh?

Wo bleibt die Zeit wohl ohne Uhr?
Und wie erklärt man die Natur
von Energie und Raum?

Ist etwa Liebe, Glück und Leid
nur Illusion? Die Wirklichkeit
ein wach geträumter Traum?

Was hat Bedeutung, was Gewicht?
Im Grunde weiß ich's wirklich nicht …
… und was gehört dazu?

Was soll das ganze Drumherum?
Was bin ich? Und wenn ja, warum?
Warum und was bist Du?

Das bin ich

Das bin ich. Und ich sag warum:
Ich sinn nicht über mich herum,
tu, was ich gerne tu.

Ich suche das, was mir gefällt,
und nehm sie, wie sie ist, die Welt.
Mehr brauch ich nicht dazu.

Ich kenne nur ein rechtes Maß:
Nämlich, dass ich dabei noch Spaß
hab, nicht die Lust verlier.

Das Dasein wurde mir geschenkt,
egal, was man darüber denkt,
wie ich mich definier.

Stäubchen in der Unendlichkeit
und voller Unbekümmertheit
geb ich mich allem hin,

dass ich kein wimmernd weggefegtes
sondern ein schimmerndes, bewegtes,
glückliches Stäubchen bin.

Danksagung

Ich danke meinem Verleger Stefan Fassel-Wenz für sein Vertrauen und die geduldige und reibungslose Zusammenarbeit, meiner Lektorin Cecilia Wirth, die trotz ihrer Jugend mit Kompetenz und gescheiten Kommentaren ihren Anteil am letzten Schliff der Gedichte hat, meinem Mann, der mich als leidenschaftlicher Fan meiner Arbeit stets unterstützte, und nicht zuletzt all jenen, die mir mehr oder weniger freiwillig den Stoff für dieses Büchlein lieferten.

Frankfurt, im Dezember 2010